LIDERANDO *SUA VIDA*

Editora Appris Ltda.
1.ª Edição - Copyright© 2024 do autor
Direitos de Edição Reservados à Editora Appris Ltda.

Nenhuma parte desta obra poderá ser utilizada indevidamente, sem estar de acordo com a Lei nº 9.610/98. Se incorreções forem encontradas, serão de exclusiva responsabilidade de seus organizadores. Foi realizado o Depósito Legal na Fundação Biblioteca Nacional, de acordo com as Leis nos 10.994, de 14/12/2004, e 12.192, de 14/01/2010.

Catalogação na Fonte
Elaborado por: Dayanne Leal Souza
Bibliotecária CRB 9/2162

C512l
2024
	Chaves, Thiago
	    Liderando sua vida / Thiago Chaves. – 1. ed. – Curitiba: Appris, 2024.
	    43 p. : il. ; 21 cm.
	
	    ISBN 978-65-250-6923-4
	
	    1. Liderança. 2. Objetivo. 3. Vida. I. Chaves, Thiago. II. Título.
	
	                                                    CDD – 303.34

Appris editora

Editora e Livraria Appris Ltda.
Av. Manoel Ribas, 2265 – Mercês
Curitiba/PR – CEP: 80810-002
Tel. (41) 3156 - 4731
www.editoraappris.com.br

Printed in Brazil
Impresso no Brasil

THIAGO CHAVES

LIDERANDO *SUA VIDA*

Curitiba, PR
2024

FICHA TÉCNICA

EDITORIAL	Augusto V. de A. Coelho
	Sara C. de Andrade Coelho
COMITÊ EDITORIAL	Marli Caetano
	Andréa Barbosa Gouveia (UFPR)
	Edmeire C. Pereira (UFPR)
	Iraneide da Silva (UFC)
	Jacques de Lima Ferreira (UP)
SUPERVISORA EDITORIAL	Renata C. Lopes
PRODUÇÃO EDITORIAL	Bruna Holmen
REVISÃO	Camila Dias Manoel
DIAGRAMAÇÃO	Amélia Lopes
CAPA	Mateus Porfírio
REVISÃO DE PROVA	Bruna Santos

AGRADECIMENTOS

Eu espero que cada leitor deste livro seja impactado positivamente e busque o caminho da transformação interior.

Eu decidi escrever este livro porque de fato acredito que possamos nos transformar em pessoas melhores no amanhã, mas saiba que o amanhã começa agora, começa já.

Eu agradeço somente a Deus, pela força, pelo cuidado que ele tem me dado, e pela sabedoria de que precisei para desenvolver esta obra.

Aconselho a todos que sejam amigos do Espírito Santo, porque ele é o amigo que não falha, não tira *prints* de conversas particulares, não fala de você pelas costas e estará com você em todos os momentos, na alegria e na dor.

Liderando sua vida é um sonho que se concretiza, e agradeço a Deus por esta realização.

Meu desejo é que este livro chegue no momento mais necessário de cada pessoa, e ajude em sua transformação, levando-a a patamares mais altos.

Dedico esta obra ao meu rei Jesus. A ele toda a honra, toda a glória e todo o louvor.

APRESENTAÇÃO

Ao longo da minha jornada como líder e liderado, venho aprendendo que precisamos constantemente nos desenvolver e desenvolver nossas habilidades. *Liderando sua vida* foi escrito depois de observar que muitas pessoas procuram algum tipo de identificação nas suas esferas, não sabendo para qual direção estão indo e muito menos aonde querem chegar; vivem sem planejamento e sem disciplina e acabam se perdendo em algum momento no meio do caminho, e com isso não conseguem obter bons resultados em nada, estão sempre insatisfeitas e apenas vivendo um dia após o outro, deixando o descontrole e o desespero tomarem as rédeas da situação, tirando todo o seu direito de sentir o doce sabor que a vida tem quando se desenvolve o autocontrole e se aprende a dominar qualquer situação.

O desejo da maioria é fazer o seu melhor quando está executando algum tipo de função, mas, sem um bom planejamento e sem o autoconhecimento necessário, esses resultados ficam impossíveis de serem alcançados.

Partiu desta observação a vontade de ajudar a desenvolver nas pessoas o autoconhecimento e despertar em cada uma delas a força e a coragem, mostrando que cada um as tem no seu interior, e isso precisa ser desenvolvido, porque há pessoas que ainda não sabem do tamanho da força que têm dentro de si para encarar os obstáculos do dia a dia.

O autoconhecimento da sua própria capacidade é transformador. Essa característica, no entanto, não é ensinada nas escolas, e isso não é culpa nossa. Mas é de nossa responsabilidade buscá-lo, por nossa própria conta e risco. E, quando essa mudança acontece, é como se se acendesse uma luz na escuridão do seu interior, iluminado a sua vida de dentro para fora.

Então, venha comigo despertar a sua força interior, aprendendo a ser livre e LIDERANDO SUA VIDA.

SUMÁRIO

1
TIPOS DE LIDERANÇA 11

2
O PÁSSARO OU O LEÃO? 17

3
APRENDA A SER SOZINHO (MAS NÃO PERMANEÇA SOZINHO) 22

4
TRANSFORME AS DESCULPAS EM MOTIVAÇÃO 27

5
CHORE UM OCEANO, MAS APRENDA A NAVEGAR NELE 34

6
O ÓBVIO PRECISA SER DITO? 37

7
PROPÓSITO (QUAL É O SEU?) 40

RESUMO 43

1

TIPOS DE LIDERANÇA

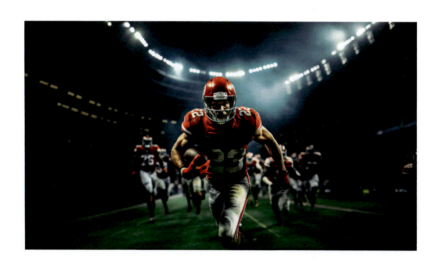

Liderança é uma conduta de comportamento. O conceito da palavra "liderança" diz que o líder precisa influenciar e conduzir uma equipe a buscar um mesmo objetivo, sempre influenciando de forma positiva a mentalidade e o comportamento.

O tema "liderança" é de fundamental importância, pois está relacionado ao sucesso e ao fracasso; a liderança também está ligada à motivação, porque um líder eficaz precisa ter o domínio de como motivar as pessoas do seu grupo ou de sua equipe.

Dentro do conceito da palavra "liderança" existem ainda três tipos de estilos de perfis que são clássicos da liderança, e são estes que definem a relação entre líder e liderado: a liderança autocrática, a liderança democrática e a liderança liberal.

O líder autocrata

O líder autocrata tem um perfil mais autoritário, impõe suas ideias e seus objetivos ao grupo sem nem sequer ouvir a opinião alheia; não tem a empatia de querer entender nenhuma dificuldade pela qual o grupo esteja passando. Ele simplesmente impõe o que quer como objetivo.

O perfil da liderança autocrática é um de "liderar" da forma mais antiga, em que era muito normal o líder oprimir psicologicamente as pessoas da sua equipe, fazendo imposições e até mesmo fazendo ameaças, e com isso as pessoas trabalhavam com medo e inseguras do que poderia acontecer naquele ambiente.

Já nos dias de hoje, com todas as reformas de comportamento e normas trabalhistas, esse tipo de liderança, que é mais agressiva, já não funciona.

O líder democrático

Esse tipo de liderança democrática é a do líder que estimula a participação de todos do grupo, sempre orientando suas tarefas; normalmente tem o perfil mais participativo nos debates em grupos e nas tomadas de decisões. Para ser mais claro: se o líder precisa decidir alguma coisa, ele convoca o grupo inteiro, faz uma reunião e o povo é quem decide. É aquele famoso ditado que diz: "A voz do povo é a voz de Deus".

Esse tipo de liderança é o preferido das pessoas, porém ele pode ser prejudicial para o próprio líder, porque, caso ele precise tomar uma decisão vital para o negócio, ele não conseguirá fazer isso sem marcar uma reunião para então decidir.

Outro ponto negativo está na perda de velocidade para a solução, porque esse líder, em vez de fazer a sua própria análise e tomar a decisão do que precisa ser feito, primeiro vai compartilhar a dúvida com o grupo, fazendo com que todo o processo se torne deficiente, quando falamos de agilidade.

O líder liberal

Normalmente, o líder liberal apresenta um alto grau de confiança na capacidade e no desempenho dos seus colaboradores; ele tem total confiança no grupo e por isso dá liberdade para a equipe tomar decisões individualmente, ou até em grupo mesmo, e neste caso a participação do líder se torna cada vez menor.

Esse tipo de liderança é bem arriscado, porque pode gerar tanto a perda do objetivo que precisa ser alcançado quanto a desorganização.

O líder que tem esse perfil liberal pode perder o pulso na visão geral da equipe, e isso acontece porque ele não se posiciona no momento de se impor.

E você, em qual tipo de liderança se encaixa neste momento?

Quando falamos de liderança, logo já vem à memória a imagem de uma pessoa à frente de uma quantidade maior de pessoas designando funções ou dando direcionamentos sobre alguma função ou algo que precisa ser realizado. Porém liderança é muito mais do que dar direcionamento, liderança é essência.

Todos nós podemos ser líderes, porém precisamos desenvolver essa essência de liderança, que é bastante transformadora.

Quando nós pensamos em desenvolver a essência de liderança, é importante também desenvolver mecanismos para mostrar, por meio das nossas atitudes, riqueza de confiança e poder de autoliderança, como, por exemplo: ter postura estratégica diante das situações, ter dor de dono diante dos conflitos da vida e muitos outros tipos de comportamentos que um líder tem, lembrando que estou falando de autoliderança, estou falando de evolução pessoal.

Você já parou para pensar no seguinte: como as outras pessoas, as pessoas que você lidera ou as pessoas a quem você delega informações, ou até mesmo seus superiores, como essas pessoas podem ser confiadas ou ter confiança em você?

Nos dias de hoje as pessoas buscam ferramentas para conduzir outras pessoas, mas o importante que conduzir outras pessoas é você conduzir a si mesmo, e conduzir a si mesmo requer autoconhecimento. Então esteja aberto para começar algo novo, ligue as turbinas e acelere, atropelando todos os medos que aparecerem no seu caminho, e vá em direção ao recomeço, o recomeço para o sucesso.

Porque, independentemente de como você vai começar, saiba que nunca é tarde para recomeçar e sempre é possível aprender algo novo.

E eu também não posso deixar de lhe falar que um dos maiores segredos da autoliderança está em você ser autodidata, que é nada mais, nada menos que a capacidade de aprender algo por conta própria.

Quando eu falo "aprender algo por conta própria", não estou falando que você tem de adivinhar as coisas por aí para saber de algo. Estou falando que você precisa ter autonomia para buscar recursos e informações por meio dos livros, por meio da internet ou até mesmo em conversas informais com outras pessoas que entendam do assunto de que você precisa saber para conseguir aprender algo — e aprender *no detalhe*, não superficialmente.

Quero que você entenda uma coisa, e guarde isto para a sua vida: quando você depende de alguém para lhe ensinar coisas o tempo todo, você fica limitado, porque você só vai até onde o outro consegue ir. Mas, a partir do momento que você decidir passar por cima do medo e colocar uma dose de ousadia nas suas atitudes para estar desenvolvendo em você essa característica de ser autodidata, acredite, o céu será o limite e ninguém mais vai conseguir parar você.

É importante que você entenda que, para você conseguir desenvolver todas essas características, você precisa estar buscando constantemente evolução a fim de que seu crescimento se torne um fato na sua vida.

Vou trazer o exemplo do próprio planeta Terra, que não para de girar em momento algum. Enquanto ele gira, a evolução do mundo vai acontecendo constantemente; e, quando eu falo de "evolução", estou falando de toda a espécie humana e em todos os seus aspectos.

O ser humano buscou evoluir em conhecimento para entender melhor as particularidades e o funcionamento do corpo humano. Foi necessário desenvolvimento de técnicas e diagnósticos para melhorar a saúde da vida humana em toda a sua parte funcional e também na parte psicológica, e essas técnicas foram estudadas e desenvolvidas a fim de que o ser humano melhorasse sua qualidade de vida. É só você se lembrar de quantas doenças físicas existiam no passado e hoje não existem mais, já em contrapartida apareceram tantas outras doenças, de modo que a busca pela cura se torna infindável).

A humanidade teve uma grande evolução nas áreas corporativas também.

Antes das reformas trabalhistas, os salários oferecidos eram muito baixos, e existia a exploração de mão de obra, que incluía crianças e mulheres. Os salários que eram pagos nessa época para crianças e mulheres eram menos da metade do salário que era pago para um homem adulto. Esses trabalhadores precisavam trabalhar até 18 horas por dia, o que é totalmente incabível para os dias de hoje, em que existem normas e leis trabalhistas que protegem o trabalhador dessas explorações que eram comuns um tempo atrás, e essas regras precisam ser seguidas para que o trabalhador tenha qualidade de vida, o que ele não tinha antigamente.

Lembrando ainda que estamos falando sobre evolução, evolução essa que se encontra em todas as áreas que nos circundam, e por isso precisamos estar sempre procurando caminhos para um crescimento constante, e nunca, nunca pense em parar de querer crescer em nenhuma circunstância, e isso não deve ser uma opção só porque você acha que entrou na zona de conforto e está tudo bem.

Saiba que a zona de conforto é o pior lugar onde você poderia estar, e acredite nisto, não tem nada de confortável nesse lugar que chamam de confortável.

Na verdade, nesse lugar você vai encontrar medo, insegurança, ansiedade e todos os sentimentos que vão deixar você desestabilizado.

Vou lembrar mais uma vez que o mundo está girando em constante evolução, e, se você fica parado no meio do mundo que está em evolução, você vai ficando pequeno, cada vez menor, até que, de tão pequeno, você desaparece. Mas porque isto acontece?

Porque você decidiu parar. Quando falo que "desaparece", estou falando no sentido de ficar para trás, de estar ultrapassado, e é contra isto que devemos buscar estratégias e mecanismos como a disciplina, a leitura, os planejamentos, até mesmo os exercícios físicos, e lutar todos os dias a seu favor.

2

O PÁSSARO OU O LEÃO?

Os pássaros são aves frágeis que podem voar, porém elas têm um limite, e os limites de altura variam de acordo com seus tipos e características.

Os pássaros que são de porte pequeno não são treinados para atacar ou contra-atacar, e, em caso de risco de morte, eles simplesmente voam para longe de onde estão sendo atacados. Essa é a estratégia que eles buscam para se proteger.

Em caso de ataque, se o pássaro for atingido, ele cai ferido ou até mesmo morto.

Por isso, quando as pessoas falam de força, garra, sucesso, coragem, superação, elas, na maioria das vezes, usam o leão como referência, e não pássaros.

Utilizei esses exemplos de animais fazendo essa comparação totalmente radical para dizer que, independentemente de toda inspiração, de força e sabedoria que as pessoas buscam em adquirir na internet, em palestras motivacionais, em livros, ou até mesmo naquelas conversas descontraídas, em algum momento você vai se encontrar em uma situação de conflito e em algum momento vão tentar te prejudicar de alguma forma, e é por causa de momentos assim que você deve estar preparado para tudo, estar preparado para as coisas que ninguém sabe que vão acontecer.

Reflita: como é você diante de uma situação de conflito? Prefere voar e fugir dos problemas, ou sua atitude é de encará-los com os pés firmes no chão e "sangue nos olhos"?

Você precisa entender que, para cair, basta estar de pé. Logo, você consegue entender que não é difícil cair, não é difícil voltar à estaca zero, isso acontece porque as quedas são assustadoramente avassaladoras, como um golpe do dia para a noite, a queda fica à espreita, esperando você dar uma bobeira para entrar em cena e derrubá-lo diante de todos que esperam ver a sua queda.

Sabe por que é rápido alguém ser derrubado? Porque as puxadas de tapete realmente podem acontecer, ainda mais quando se trata do ambiente corporativo e principalmente quando você está em destaque e com visibilidade positiva em relação aos demais, sendo relevante. É justamente nesses momentos que os conflitos, os ataques, acontecem.

Tenha sempre em mente que você é um vencedor e que os vencedores não são identificados pela queda, mas pela forma pela qual se levantam, ou pela alternativa que eles procuram para se levantar.

É importante lembrar que há pessoas que vão se incomodar demais com o seu crescimento e vão fazer de tudo para impedir a sua evolução.

Normalmente quem tem esse tipo de atitude são as pessoas que não fazem nada para estar em um lugar melhor, elas não buscam se desenvolver porque são pessoas fracas e não desenvolvem a sua capacidade de crescimento e desenvolvimento, já que são inseguras, são inertes.

Normalmente quem tem foco e olha para o próprio crescimento com avidez, o busca e se dedica todos os dias ao seu objetivo, sempre com muita disciplina e olhando somente para o sucesso da realização daquilo que está buscando. Mas é importante lembrar: a vida é feita de escolhas, cada escolha tem um preço a se pagar e é muito importante que você seja fiel aos seus sonhos para não acabar se autossabotando.

Há uma coisa muito importante que você precisa fazer, que é parar para pensar no que você vai dizer para você mesmo quando chegar o futuro. Será que você vai gostar do resultado da vida que você planejou? (Muitas pessoas nem tiveram planejamento ou projeção de futuro, apenas vivem). Será que você vai ficar feliz com que você conquistou?

A vida é feita de escolhas, e são essas escolhas que vão determinar como vai ser o seu amanhã, e por isso é tão importante pensar no que você vai fazer daqui em diante.

O caminho errado pode levá-lo a um caminho obscuro, e muitas vezes sem volta, e nessa caminhada cada escolha importa.

Então qual profissão você vai seguir e quem serão os mentores para o seu desenvolvimento?

É importante também saber qual é o tipo de pessoa que vai dividir a vida com você. Não deixe que suas escolhas coloquem ponto onde deveria haver apenas vírgula, porque ninguém pode cobrar mais de você do que você mesmo, você precisa ser e é o grande líder da sua vida. Não tire isto da sua cabeça.

Dê-se o luxo e demita-se, sim, demita-se da preguiça, da procrastinação, da mesmice, da má vontade, dos erros também, porque é de extrema importância você estar fora de toda essa atmosfera procrastinadora que contém energias negativas e que não vão levá-lo a lugar algum.

Então, partindo desses olhares para a vida que talvez você ainda não tenha, eu vou ensinar-lhe uma técnica mediada por uma parábola que me ajudou bastante nas tomadas de decisões e também a ser bem prática e objetiva em algumas situações. O nome dessa técnica é PASSE O PANO.

Certa vez uma pessoa teve sua casa invadida pela água enquanto dormia, e inundação molhou cadernos e livros que continham muitas anotações e informações importantes que seriam utilizados no seu trabalho, anotações de seu fechamento do período da faculdade, informações do planejamento para o próximo mês de uma reunião que estava preparando para o seu cliente e tantas outras anotações valiosíssimas para a pessoa que as utilizaria em algum momento. Todas essas anotações acabaram se estragando por aquela água que invadira a sua casa.

Diante desse cenário, você tem dois tipos de reações.

A primeira é ficar olhando os cadernos e os livros molhados no chão e ficar se lamentando sobre aquelas anotações que foram perdidas. Ou você tem a opção de seguir, pegar o pano e secar o chão, isto é, *quando se tem uma segunda opção a seguir*.

É importante você entender que há muitas situações na vida em que você não vai ter duas opções a não ser pegar o pano e secar, você pode até se questionar com algumas coisas do tipo:

- Eu esperava ser promovido, mas não aconteceu. Pois pegue o pano, seque e siga em frente.

- Eu não imaginava que esse relacionamento ia ficar desse jeito. Pois pegue o pano, seque e siga em frente.

Eu trouxe somente dois exemplos para contextualizar a situação para que você entenda a mensagem que quero passar. O mais importante é que você entenda que a única coisa que não pode acontecer é você parar, porque, quando você para, perde tempo e oportunidades, perde tempo de buscar alternativas. Você de fato fica para trás. As coisas continuam acontecendo, e ninguém para com você, ninguém espera que você pense ou fique ali indeciso. Então cabe a cada um de nós pegar o pano para secar, acabando com o problema, ou parar para lamentar.

Entenda que você tem o poder de escolha. Você prefere ser o pássaro ou o leão?

Não se esqueça de que a sua imagem de amanhã é o que você fez ontem, e lembre-se de que cada ruga criada ao longo da sua vida pode significar uma conquista ou uma derrota, mas essa decisão é sua, isso só você pode escolher.

Então entenda que, dentro de cada um de nós, existe um pássaro e um leão, e agora depende de você escolher que animal vai despertar dentro de você para encarar os obstáculos do dia a dia ao seu lado.

Saiba que, se puxarem o seu tapete em algum momento, ou inventarem alguma calúnia sobre você, você pode despertar o animal mais feroz e forte que tem dentro de si, e, mesmo com tantas adversidades, não se descontrole, apenas mantenha a calma e suporte o processo, porque tudo passa e, quando a fase difícil passar, você vai estar mais forte e de pé.

3

APRENDA A SER SOZINHO (MAS NÃO PERMANEÇA SOZINHO)

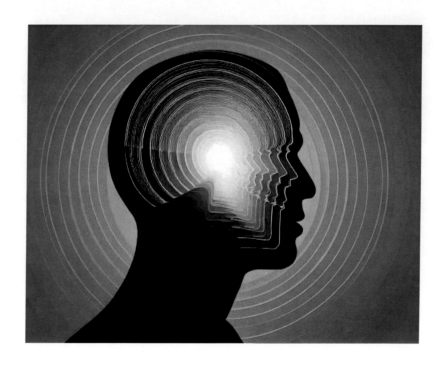

Quando falo para "ser sozinho", isso não significa sair de perto das pessoas, ficar longe de todos. Estar sozinho é bem diferente de ser sozinho.

Já reparou que, quando tudo vai indo bem (sendo mais específico, principalmente na área financeira), as pessoas aparecem do nada. Essas pessoas se aproximam como se fossem amigos que sempre tiveram boa intenção, amigas queridas que gostam de nós pelo que somos. Mas a realidade não é esta de fato.

Eu não posso generalizar a intenção das pessoas, mas na verdade a maioria delas, quando se aproxima de nós nos momentos bons, no nosso momento de relevância (e isso é uma prática comum para algumas pessoas), tem interesse em algo que nós podemos oferecer. Sim, aproxima-se por interesse e não porque simplesmente gosta de nós ou tem prazer de estar do nosso lado.

A melhor coisa que você pode fazer por si hoje em dia é entender o que é a solitude e crescer com ela de maneira sábia e dentro das suas linhas de estratégias.

Vou lhe indicar cinco técnicas de como você pode desfrutar desse tempo de solitude com qualidade.

1ª. Meditar

A meditação é uma técnica em que a pessoa encontra um local tranquilo para passar um tempo sozinha.

Sentada ou deitada, ela apenas respira de forma consciente, observando os pensamentos que passam pela sua mente, sem apegar-se a nenhum deles.

Em longo prazo, a meditação reduz a ansiedade e promove o relaxamento e o autoconhecimento.

2ª. Refletir

Os momentos em que estamos a sós também são benéficos para a reflexão.

Sem interferências externas, podemos mergulhar nos nossos próprios sentimentos, pensamentos e atitudes que nos possibilitam chegar a determinadas conclusões e decisões sobre os rumos que desejamos tomar em nossa vida.

Assim, aproveite o momento de solitude para encontrar a solução para aquele problema que está tirando o seu sono.

Esses momentos também ajudam a promover o autoconhecimento.

3ª. Ler

A leitura é sempre beneficiada quando estamos em silêncio. Ler nada mais é do que imaginar e dar vida a cada frase, dentro da nossa mente. Podemos ler poemas, notícias, biografias e ficção, por exemplo. O que quer que estejamos lendo pode ser mais facilmente imaginado e compreendido quando estamos a sós. Além disso, essa é uma ótima maneira de passar o tempo. Assim, aproveite a solitude para exercitar esse hábito, que é muito saudável e edificante.

4ª. Autocuidar-se

O autocuidado é aquele momento em que uma pessoa cuida com carinho de si mesma. Fazer uma refeição gostosa, praticar uma atividade física, tomar um banho relaxante, fazer massagem em si mesmo, colocar uma roupa confortável e relaxar é excelente atividade de autocuidado que podemos fazer a sós.

Na correria do dia a dia, temos tantas obrigações a cumprir que acabamos nos esquecendo de cuidar de nós mesmos. A solitude é uma ótima oportunidade para praticar esse autocuidado.

5ª. Fazer nada

Agora você já compreende que a solidão é o ato de estar sozinho sem escolha, enquanto a solitude significa estar sozinho por vontade própria.

Que a solidão passe longe de você, mas que você saiba abraçar os momentos de solitude com criatividade.

Saiba que a palavra "solitude" é apenas um termo poético que se refere à solidão, mas em um estado de solidão em que você se permite estar em isolamento, na maioria das vezes de maneira voluntária e positiva. Diferentemente, a solidão é uma condição que está associada a dor e tristeza.

É muito importante você ter momentos de solitude, principalmente diante de algumas situações que talvez gerem medo e pareçam ser devastadoras. Caso você tenha pessoas por perto nesses momentos, que são bem difíceis, fique sabendo que é possível que você possa se prejudicar na hora de compreender os fatos daquela situação. Normalmente as pessoas têm o costume de sempre opinar nas situações, mas fique bem atento com essas opiniões ou sugestões, que normalmente são equivocadas e você acaba literalmente sendo prejudicado, no fim das contas.

São nos momentos de solitude que você vai conseguir se concentrar para decidir o que você vai fazer de hoje para amanhã, ou o que vai fazer mais tarde, e assim sucessivamente.

Normalmente, quando estamos sozinhos, refletimos sobre as nossas vontades, sobre os nossos desejos, sobre intimidade, sobre sonhos, e por aí vai.

Preciso lhe falar uma coisa muito importante sobre seus sonhos de realização: os sonhos que você tem são exclusivamente seus, e pronto. Então não tem necessidade de você contá-los para alguém antes que eles se realizem; do contrário, dificilmente você vai conseguir realizá-los, porque, contando, isto pode despertar gatilhos de negatividade nas pessoas sobre a sua capacidade; e fazê-las ter informação sobre seus planos pode fazer com que atrasem ou até mesmo bloqueiem o processo de materialização do seu sonho.

Certamente você já ouviu esta frase "Não conte para fulano os seus planos antes de acontecerem, por causa do olho grande de fulano" ou então "Não conte para ciclano, porque o ciclano tem inveja de você". E este tipo de sentimento realmente existe.

Na verdade, o que acontece é que, quando você conta para alguém o que está pretendendo fazer, do tipo a viagem dos sonhos, que quer comprar algo muito desejado, que tem um projeto bacana, com essa ação de contar planos precocemente, o seu cérebro libera um hormônio de saciedade e você tem a *sensação* de que já o realizou; por causa disto, você acaba perdendo a vontade de fazer aquilo que pensou que faria.

É válido lembrar que de fato não devemos confiar nos outros genuinamente, e muito menos contar os nossos próximos passos, até porque são poucas as pessoas que torcem verdadeiramente por nós.

Caso você nunca tenha se permitido entrar no estado de solitude para uma simples reflexão que seja, eu então o convido a praticar esse exercício que vai expandir seus pensamentos e a sua percepção de pessoas, de planejamento, de futuro, e por aí vai.

Aceite coisas novas e pratique coisas novas, porque aceitar o desconhecido é abraçar a oportunidade de reinventar-se sem medo, sem amarras, escrevendo seu destino com coragem.

Entenda que cada desafio é uma nova chance de crescimento que você está recebendo, e o novo é apenas um terreno fértil para plantar seus sonhos, e despedir-se de um ciclo é dar boas-vindas ao próximo, em que a incerteza é o solo onde florescem as melhores surpresas.

Então aproveite bastante a sua própria companhia para crescer e se desenvolver, porque é na solitude que você pratica o autoconhecimento e consegue refletir sobre suas decisões, fazendo da vida uma grande escola e tirando das situações aprendizado para qualquer fase da sua vida.

4
TRANSFORME AS DESCULPAS EM MOTIVAÇÃO

Hoje em dia a vida das pessoas é bem corrida e cheia de compromissos, e o maior desafio que as pessoas têm encontrado nos seus caminhos é encontrar tempo para fazer tudo de que precisam sem a necessidade da correria.

Encontrar tempo atualmente é valioso demais, porque o tempo não vai voltar, um segundo nunca mais retornará para podermos consertar algo que fizemos de errado, e você já começa a enxergar obstáculos sobre o seu propósito desejado. Mas entenda que os desafios e os obstáculos que aparecem em nosso caminho precisam ser superados para que possamos chegar a algum lugar na vida.

Se você tem um objetivo grandioso de vida, certamente você já teve aquele momento em que olha para o nível de vida que você quer alcançar e compara-o com o nível onde você está neste exato momento, e talvez venha logo o pensamento de desânimo e de impossibilidade, porque você acha que não tem mais tempo de conquistar o que quer e que o seu tempo já passou.

Saiba que este pensamento é uma inverdade, porque nunca é tarde demais para irmos em busca dos nossos sonhos e ideais, como nunca é tarde demais para se aprender algo novo, nunca é tarde demais para tentar, nunca é tarde demais para recomeçar.

Quero aproveitar e falar também que é superimportante você valorizar seu tempo, você precisa entrar no momento de solitude e parar para refletir em algum momento, e você vai perceber que o tempo é muito valioso. Pode perguntar para aquela pessoa que conseguiu evitar um acidente de trânsito, ou então pergunte para o aluno que repetiu de ano, como o tempo é valioso. Também pode perguntar para a mãe que deu à luz a um filho prematuro... Eu poderia lhe trazer milhares de exemplos e lhe mostrar como o tempo é valioso na vida de alguém, e ele é valioso na sua vida também.

Aprenda a valorizar seu tempo aprendendo coisas novas e se enriquecendo de conhecimento, porque o conhecimento o coloca em outro nível mais alto e bem à frente da maioria das pessoas, que infelizmente vivem de forma rasa e sem profundidade de conhecimento, que possivelmente as levaria a um nível melhor de qualidade de vida.

Aprenda a se credibilizar, dê a si mesmo mais uma chance e siga sempre acreditando em você, entenda que você não está aqui por estar, saiba que você foi criado para um propósito, você foi criado para algo, você foi criado para algum objetivo (não vou falar de propósito agora, porque mais à frente tem um *capítulo inteiro* falando sobre isto).

Entenda que você é um ser humano e tem valor único, valor exclusivo. Você só está lendo este livro agora porque tem perspectiva de crescimento na sua vida, e certamente você quer evoluir e desenvolver o lado mais forte e confiante da sua personalidade, você quer evoluir a sua mente e o seu desempenho num todo, então entenda que você nunca, jamais, pode se invalidar ou deixar as dificuldades e as circunstâncias o desanimarem de continuar buscando o que é melhor para você.

Todas as pessoas no mundo passam por desafios diários na vida, e em algumas vezes têm de pular alguns obstáculos para continuar seguindo em frente e muitas das vezes ter de torcer para conseguir chegar do outro lado.

Então já comece a praticar esse exercício de transformar as desculpas em motivação. É importante que você saiba de uma coisa, as pessoas que você enxerga como fortes ou corajosas têm seus medos, suas angústias, suas aflições, nada diferentes, assim, de todos nós, porém elas seguem em frente *com medo mesmo*, encarando as dificuldades sem saber o que está à espera nos próximos minutos. Essas pessoas o fazem porque têm característica de um vencedor, de encarar os medos e continuar.

Imagina quão horrível seria você passar uma vida inteira de arrependimento porque não tentou algo, quão péssimo seria esse sentimento de dúvida eterna, pois você nunca vai saber se algo em que queria se arriscar daria certo ou não.

Por isso eu o aconselho a seguir sempre tentando, insistindo, caindo, levantando-se, tropeçando, mas seguindo no seu objetivo sempre com a atenção seletiva e contínua.

Use a técnica de AUTOPSICOLOGIA REVERSA para se motivar com aquilo que faz tentar parar você, e aproveite esse gatilho para acelerar o processo e chegar ao seu objetivo principal, que você sabe qual é.

Entenda que tudo é uma questão de hábito. Há um tempo eu ouvi uma frase que dizia assim: "Quem é bom em desculpas é péssimo em resultados".

Saiba que, enquanto você não acabar com as desculpas da sua vida, você não vai progredir, porque as desculpas são paralisadoras de resultados. Então já coloque a sua nova versão em prática a partir de hoje, tirando as desculpas de sua vida, porque elas só atrapalham o seu crescimento, fazendo-o acreditar que você não é capaz de fazer o que precisa ser feito. As desculpas fazem-no se tornar em uma pessoa inútil, mas você pode transformar essa realidade negativa em uma realidade positiva, dando passos curtos e firmes.

O que a ciência fala sobre a mudança de comportamentos e hábitos é muito claro: se você quer de fato ter uma mudança duradoura, então o faça com passos curtos e firmes.

Eu vou lhe dar uma dica excelente para você começar seu processo de evolução: faça planos que sejam executáveis no dia em que você não está tão bem, afinal o que dita que você vai conquistar a vida que você deseja não é o dia que você está bem, não é o que você faz quando você está empolgado. Para a mudança de fato acontecer, você precisa de disciplina, porque com a disciplina você vai fazer, no dia em que você está mal, aquilo que você faria no dia em que está bem.

Portanto não faça promessas grandiosas, pois certamente você não vai conseguir cumpri-las. Mas, se você começar fazendo promessas pequenas e dando passos curtos e firmes e com desafios menores, certamente vai conseguir executar seus planos, e então os passos vão se repetindo. Dessa forma, consegue aos poucos ir fazendo promessas maiores e dando passos cada vez mais largos e firmes.

Eu o aconselho a começar hoje mesmo seu planejamento e seguir com disciplina. É importante também que você seja verdadeiro e honesto consigo mesmo para não se autossabotar perante seus ideais e suas metas. Comece com passos curtos e firmes.

Eu preciso falar de prioridades com você também: você vai chegar aos objetivos de que precisa quando entender quais são de fato as suas prioridades e dar a estas a importância devida. Colocando em prática as mudanças de hábitos dentro do seu planejamento com passos firmes, você vai ver que a mudança de hábito faz parte da evolução para o crescimento.

Você já ouviu aquele ditado que diz "Quer ter resultados diferentes, então faça coisas diferentes"? É sobre isso. Não adianta você fazer sempre as mesmas coisas e querer resultados diferentes, porque isso nunca vai acontecer.

Lembre-se sempre de que, se você não tiver um plano para a sua vida, ninguém mais o terá. Só você é o responsável pelo seu futuro, mais ninguém.

Aprenda a ser criativo, tire o medo da sua rotina e crie outro estilo de vida. Ninguém é igual, e você é único, então seja sempre você, com a sua essência e personalidade.

É importante ainda que você provoque mudanças internas, traga o caos positivo para a sua vida, e faça-o como uma metamorfose: busque inspiração e autotransforme-se de dentro para fora.

Aproveite esse momento de transformação e saia do seu lugar de costume, saia desse lugar onde você está confortável, porque esse lugar não é bom para você. E entenda que é só você que vai conseguir despertar a vontade de sair desse lugar que o faz ficar parado em todas as esferas, profissional, sentimental, financeira, pessoal... Esse lugar tem nome, esse lugar se chama "zona de conforto", e é um perigo você estar nesse lugar, pois aí você não é desafiado, este lugar não o leva ao crescimento, então tome muito cuidado, já que, sem perceber, você pode estar na zona de conforto.

Desperte o desejo de mudança interior para viver experiências melhores e maiores e se renovar também, porque a mudança precisa vir de dentro, e isso vai acontecer depois que você tomar uma dose de coragem e de fato mudar as suas atitudes de todos os dias.

Você consegue fazer isso quando procura ser determinado e aberto para o novo. É por isso que o planejamento e a disciplina precisam fazer parte da sua nova versão/

Seja corajoso também, porque a mudança requer coragem e determinação, e lembre-se de que a transformação é uma porta que se abre por dentro. Por menor que seja, dentro de você existe algo que o motiva a seguir, então nunca dependa ou espere que a sua motivação venha de outras pessoas, procure dentro de você a motivação que você precisa ter para ir em busca dos seus sonhos. Por isso é importante você fazer uma autoanálise, identificar seus pontos fracos e pontos fortes, e praticar as mudanças positivas dos seus novos hábitos.

É bom você saber que as mudanças normalmente geram ansiedade e medo, então esteja preparado para esse tipo de sentimento quando ele chegar. É como se você tivesse entrado num túnel sem saber o que vai encontrar do outro lado, é literalmente andar no escuro sem conseguir enxergar nada, mas a esperança é a última que morre, e você precisa continuar tentando e encarando os medos que chegam com o novo. Tenha sempre, porém,

LIDERANDO SUA VIDA

boas expectativas, porque coisas lindas podem estar à espera da sua nova versão.

Certamente em algum momento você parou para admirar as estrelas e ver quanto elas são lindas e brilhantes, mas perceba que só conseguiu enxergá-las e admirá-las porque estava escuro. A escuridão, portanto, representa o novo: você não sabe o que tem lá, mas esteja sempre com boas expectativas do novo, pois pode encontrar coisas lindas por lá.

É só na escuridão que você consegue ver as estrelas.

Coloque sempre positividade nos seus próximos passos, sempre acreditando em você, sempre acreditando na sua capacidade de vencer e superar as dificuldades.

A vida deve ser vivida dia após dia e sem pressa, e é certo que as horas, os minutos e o tempo nunca mais vão retornar, mas você precisa criar estratégias para caminhar e ir em direção aos seus objetivos. A sua vida só vai mudar quando você aprender a transformar as desculpas em motivação.

5

CHORE UM OCEANO, MAS APRENDA A NAVEGAR NELE

LIDERANDO SUA VIDA

As lágrimas fazem parte da nossa vida e elas completam todo o dinamismo do nosso corpo. Normalmente elas aparecem nos momentos ruins, nos momentos em que estamos tristes ou até mesmo naquele pior momento. Mas não fique preocupado por as vezes você ter de precisar chorar; é bem certo que em algum momento da nossa vida elas vão aparecer, sejam elas de alegria, sejam de tristeza, por alguma perda, pelo luto, normalmente elas aparecem nos momentos mais difíceis de alguma situação que você esteja enfrentando.

Normalmente quando isso acontece, o nosso corpo fica frágil e vulnerável, mas você não precisa ficar preocupado ou envergonhado por chorar, porque todo ser humano chora e também passa por momentos difíceis. Nunca se esqueça de que as lágrimas foram feitas para nós e para serem derramadas, elas são um mecanismo de defesa e de alívio para o nosso corpo.

Você já deve ter ouvido aquela frase que diz assim "Fulano chora lágrimas de crocodilo". Então, o interessante dessa comparação é que crocodilo não chora; na verdade, quando ele abre a boca para engolir a presa, ele aciona a glândula lacrimal e é por isso que dizem que ele "chora".

Quanto ao ser humano, quanto a você, você chora porque está emocionado. As lágrimas que nós derramamos são emocionais, e só quem está chorando pode dizer o porquê de estar chorando. Então, se você precisar chorar, chore mesmo, chore à vontade, se estiver no seu tempo de chorar, chore sem se preocupar, chore sem medo, sabe por quê? Porque há tempo para todas as coisas, inclusive o tempo de chorar.

Você precisa entender que o choro não vai diminuir você em nenhum momento. Normalmente nós sabemos o motivo das nossas lágrimas, então coloque seus sentimentos sempre a serviço de uma meta e procure estar sempre em boa sintonia consigo mesmo, para encontrar motivação e as soluções mais saudáveis e produtivas durante esse processo.

No ambiente de trabalho e na vida, as suas emoções precisam ser controladas, porque a emoção mal gerenciada faz você se tornar uma pessoa ruim e faz você parecer uma pessoa "de mal" com a vida e infeliz.

A emoção, quando é controlada, faz você parecer uma pessoa autêntica, uma pessoa forte e que tem empatia pelos outros, que tem compaixão e respeito também.

Então aprenda a se conhecer e ter o domínio nesse nível de lágrimas, porque, quanto mais você conhece as suas emoções, mais você consegue renovar o seu contrato de vida, submetendo-se às situações estressantes e tendo maturidade o suficiente com as suas próprias emoções.

6
O ÓBVIO PRECISA SER DITO?

A maioria dos problemas vividos nos relacionamentos conjugais, profissionais, familiares ou até mesmo entre amigos é causada pela falta de comunicação.

Às vezes as pessoas acham que o óbvio não precisa ser dito, mas o óbvio é muito individual, o óbvio para determinada pessoa pode ser uma coisa, por conta da tradição, por conta do local onde viveu, por causa do núcleo familiar, ou pela forma como foi ensinada.

Então o óbvio, com certeza e em todos os momentos, precisa sim ser dito e ser transparente, porque ninguém é obrigado a descobrir uma coisa que talvez para você esteja claro. É importante que você saiba que aquilo que pode estar claro para você talvez não esteja tão claro assim para o outro. Então saiba que a forma de entendimento e raciocínio das outras pessoas pode ser diferente do seu raciocínio, e isso é muito normal e sempre vai ser, pois ninguém é igual, e isso precisa ser respeitado. Por isso, nunca exija que as outras pessoas entendam as coisas da forma como você entende.

Pense que você está indo a um shopping e seu amigo, que mora em uma outra região um pouco mais distante do shopping, também está indo para o mesmo lugar. Você, por morar mais próximo, com certeza tem muitas chances de chegar ao shopping mais cedo que o combinado e com mais facilidade. O seu amigo, no entanto, não vai ter esse benefício, porque mora mais longe. Mas os dois vão chegar ao mesmo shopping, os dois vão chegar ao mesmo lugar, só que por caminhos diferentes.

É muito importante que você precise considerar o óbvio sim, e você vai fazer isso por meio da clareza, por meio da transparência, por meio da gentileza e também sendo mais objetivo naquilo que você está falando; do contrário, você vai dificultar todo o processo de comunicação e entendimento.

Quando falamos sobre comunicação ou sobre comunicar-se com outras pessoas, até parece que é algo muito normal, mas saiba que não é. Há muitas pessoas que têm dificuldade de entender e de se expressar também. Logo, pense que é você quem precisa ter a boa comunicação, é sobre o seu óbvio, é sobre o que você quer para o seu futuro.

Existe uma parábola em que ele fala que um rapaz plantou trigo e esperava colher milho, e quando chegou o momento da colheita este só tinha trigo.

Claro que se trata de uma parábola, mas é uma realidade sobre nossa vida, porque você precisa escolher qual semente você quer plantar para então saber qual vai ser a colheita. Essa é a lei da semeadura. O rapaz da parábola não sabia o que de fato queria para o futuro dele, ele não foi objetivo nem transparente naquilo de que precisava, e teve que aceitar o resultado do plantio que foi o resultado que ele não esperava.

Saiba que o seu óbvio tem um impacto nas atitudes de outras pessoas, e você também tem todo o direito de errar, como qualquer outro ser humano, mas o importante é você saber com olhar para trás com humildade e fazer o caminho da correção.

Você não pode deixar de falar as coisas, principalmente para as pessoas que estão do nosso lado, porque achamos que são óbvias, pois "fulano já sabe disso", ou "fulano já entendeu". Dessa forma, nós vamos sempre voltar ao ponto inicial, que é *não deixe de falar o óbvio*, uma vez que o óbvio na maioria das vezes precisa sim ser dito, o óbvio é uma percepção que tomamos como realidade pela repetição que ela ocorre na nossa vida, e você precisa entender que cada um tem experiências e vivências diferentes de vida.

Então, construa em você a comunicação clara, transparente e direta, aumentando a confiança das partes envolvidas e reduzindo os conflitos do mal entendido.

7

PROPÓSITO (QUAL É O SEU?)

Seja comprometido sempre, pratique o ato de ser comprometido com as suas palavras.

Nos capítulos anteriores, falamos sobre força, falamos sobre solitude, falamos sobre a automotivação e como aprender a lidar com as dificuldades. Mas há uma coisa que você ainda precisa saber, e é que, diante de todas essas instruções, você precisa ter o seu estilo de vida próprio e fazer dele o seu propósito.

Quem vive um propósito vive apaixonado por uma causa, e é de extrema importância que você saiba o que o move todos os dias, você precisa identificar qual é a sua paixão para não ficar como "fogo de palha". Quando colocamos o fogo na palha seca, o fogo se expande, e todas aquelas folhas se incendeiam, fazendo altas labaredas, mas rapidamente essas labaredas se apagam e morrem.

É assim que são as pessoas que seguem a vida sem paixão por alguma coisa ou por algo: tornam-se passivas das circunstâncias, veem as conquistas alheias, mas não têm forças para sair do lugar. Na verdade, essas pessoas sofrem de uma síndrome que se chama desamparo aprendido. (Não vou me aprofundar neste tema, talvez em outra oportunidade escreverei um artigo falando mais sobre o desamparo aprendido).

Essas pessoas que sofrem com essa síndrome não conseguem focar um objetivo, porque não têm uma direção exata para seguir, e por esse motivo acabam se perdendo pelo caminho — e, quando se perde pelo caminho, já perdeu muito tempo de vida também.

Quando se chega a este ponto, é importante você colocar em prática a resiliência e se lembrar de quem você é, de quem você foi e de que um dia, e do quanto você tentou e lutou para dar o primeiro passo em direção ao seu objetivo de vida, que algum dia foi o motivo para guerrear todos os dias.

É importante você cuidar extremamente do seu corpo físico, da sua saúde mental, da sua saúde financeira, da sua saúde física, da sua saúde amorosa e de fato de todas as áreas esféricas da sua vida.

A importância desse cuidado é para você não acabar se perdendo diante das circunstâncias que aparecem diariamente.

Quando você não se lembra mais do que ou para qual direção você está seguindo, certamente em algum momento você vai querer desistir de tudo. Existe uma teoria chinesa que diz o seguinte: "Se você não se conhece, não conhece o seu caminho nem o seu objetivo, você certamente morrerá". São como "bandidos loucos": o que mais podem esperar, se não o fracasso?

Então, quando você tem uma causa pela qual é apaixonado, você vai estar sempre disposto a não somente morrer por essa causa, mas principalmente *viver por essa causa*.

O apaixonado pode passar pelas suas maiores dificuldades, suas piores dores, seus conflitos mais profundos, suas perdas difíceis, mas, mesmo diante de tanta dificuldade, ele não pensa em desistir, porque a paixão e o propósito o mantêm vivo e com a chama acesa.

Eu vou lhe fazer uma pergunta neste momento: o que o move atualmente?

Sua família?

Terminar a faculdade?

Ser promovido onde trabalha?

Ajudar pessoas?...

O propósito é um objetivo muito individual, mas é importante você identificar qual é a direção que você deve seguir e gerar para si o combustível diário para se mover na direção de que precisa, e seguir com ardor, com vontade, olhando sempre para o seu alvo, porque o propósito precisa ser alimentado todos os dias, e lembre-se disto: *o propósito é sempre maior do que a proposta.*

RESUMO

Liderando sua vida traz o conceito do autoconhecimento para transformar pessoas comuns em pessoas extraordinárias, desenvolvendo a conexão consciente do seu eu com o mundo externo.

O autoconhecimento é o maior investimento que podemos fazer por nós mesmos, pois, quando nos conhecemos, não reagimos impulsivamente aos nossos processos internos sobre a vida.

O autoconhecimento gera a autoliderança; autoliderança gera a liberdade, e saiba que a liberdade é uma porta que se abre por dentro, então o convido a sair por essa porta e dar a maior volta por cima da sua vida, que é se transformar e evoluir todos os dias com você no controle, LIDERANDO SUA VIDA.